LES
PENSIONS DE RETRAITE

DES

EMPLOYÉS DES POSTES

DES TÉLÉGRAPHES ET DES TÉLÉPHONES

(AGENTS ET SOUS-AGENTS)

LOI ORGANIQUE DU 9 JUIN 1853
DÉCRET DU 9 NOVEMBRE 1853
MODIFICATIONS ET ADDITIONS
TABLEAUX DU MONTANT DES RETRAITES
SERVICES MILITAIRES ET PENSIONS CIVILES
LOIS EN VIGUEUR — TARIFS

PRIX : 50 CENTIMES (franco de port)

Vendu au profit des œuvres d'assistance suivantes :

ASSISTANCE MUTUELLE DES EMPLOYÉS AMBULANTS
DES POSTES (AGENTS ET SOUS-AGENTS)

ASSOCIATION AMICALE DES POSTES ET DES TÉLÉGRAPHES
(CAISSE DE RÉSERVE DES VEUVES ET DES ORPHELINS)

SOCIÉTÉ DE SECOURS MUTUELS DES SOUS-AGENTS
AMBULANTS DES POSTES

SOUTIEN FRATERNEL DES SOUS-AGENTS DES POSTES
DES TÉLÉGRAPHES ET DES TÉLÉPHONES

ADRESSER LES DEMANDES

au Président de la Société d'Assistance mutuelle des Employés
ambulants, **47**, avenue des Gobelins, **PARIS**

ARBOIS

IMPRIMERIE DE MADAME VEUVE J. CHAPEAU

1900

LES
PENSIONS DE RETRAITE

DES
EMPLOYÉS DES POSTES
DES TÉLÉGRAPHES ET DES TÉLÉPHONES
(AGENTS ET SOUS-AGENTS)

LOI ORGANIQUE DU 9 JUIN 1853
DÉCRET DU 9 NOVEMBRE 1853
MODIFICATIONS ET ADDITIONS
TABLEAUX DU MONTANT DES RETRAITES
SERVICES MILITAIRES ET PENSIONS CIVILES
LOIS EN VIGUEUR — TARIFS

PRIX : 50 CENTIMES (franco de port)

Vendu au profit des œuvres d'assistance suivantes :

ASSISTANCE MUTUELLE DES EMPLOYÉS AMBULANTS
DES POSTES (AGENTS ET SOUS-AGENTS)

ASSOCIATION AMICALE DES POSTES ET DES TÉLÉGRAPHES
(CAISSE DE RÉSERVE DES VEUVES ET DES ORPHELINS)

SOCIÉTÉ DE SECOURS MUTUELS DES SOUS-AGENTS
AMBULANTS DES POSTES

SOUTIEN FRATERNEL DES SOUS-AGENTS DES POSTES
DES TÉLÉGRAPHES ET DES TÉLÉPHONES

ADRESSER LES DEMANDES
au Président de la Société d'Assistance mutuelle des Employés
ambulants, 47, avenue des Gobelins, PARIS

ARBOIS
IMPRIMERIE DE MADAME VEUVE J. CHAPEAU

1900

À l'époque de la campagne entreprise pour obtenir la modification de la loi organique du 9 juin 1853, sur ·les pensions civiles, je constatai avec étonnement, en visitant les divers services pour obtenir les signatures et l'obole des camarades, que le personnel n'avait qu'une connaissance fort sommaire, souvent erronée des lois et décrets qui régissent les pensions civiles. Persuadé que cette ignorance, qui, à un moment donné, peut être préjudiciable aux intérêts des agents, des sous-agents et à ceux de leur famille, provient de l'absence de documents complets, faciles à consulter, j'ai cru être utile à tous en réunissant, sous forme de petite brochure, les articles de la loi du 9 juin 1853, relatifs au personnel des Postes et des Télégraphes, ainsi que les décrets, les modifications et les additions s'y rapportant.

Pour faciliter les recherches, j'ai fait suivre les textes de tableaux synoptiques et comparatifs du taux des anciennes et des nouvelles retraites, et d'une table chronologique. Chacun pourra ainsi, d'un coup d'œil, se rendre compte de la situation qui lui est faite et des progrès réalisés.

Je n'ai pas oublié que la plupart des agents et des sous-agents ont passé par le régiment et que, dans un grand nombre de cas, les années de service militaire doivent entrer en ligne de compte pour la liquidation des pensions civiles. J'ai donc introduit dans cette brochure les lois qui régissent actuellement la matière et les tarifs en vigueur.

Avant de terminer cette courte préface, je me permettrai de rappeller combien le personnel des Postes et Télégraphes est redevable soit aux membres du Parlement qui, par leur dévoûment à notre cause, ont fait triompher nos justes revendications (Extensions des emplois du service actif. Augmentation du taux des retraites), soit aux camarades qui se sont mis courageusement à la tête du mouvement et dont la ténacité, le tact, ont été à la hauteur de la tâche. Je ne citerai aucun nom de crainte d'en oublier et des meilleurs, mais chacun de nous en a conservé le souvenir et leur garde une profonde reconnaissance.

Paris, mai 1900.   P. L.

LOI

SUR LES

PENSIONS CIVILES

Du 9 juin 1853.

Partie concernant plus spécialement les agents et sous-agents des Postes et Télégraphes.

TITRE II.

CONDITIONS DU DROIT A PENSION POUR LES FONCTIONNAIRES QUI
ENTRERONT EN EXERCICE A PARTIR DU 1ᵉʳ JANVIER 1854.

3. (1) Les fonctionnaires et employés directement rétribués par l'Etat, et nommés à partir du 1ᵉʳ janvier 1854, ont droit à pension, conformément aux dispositions de la présente loi, et supportent indistinctement, sans pouvoir les répéter dans aucun cas, les retenues ci-après :

1º Une retenue de cinq pour cent sur les sommes payées à titre de traitement fixe ou éventuel, de préciput, de supplément de traitement, de remises proportionnelles, de salaires, ou constituant, à tout autre titre, un émolument personnel ;

2º Une retenue du douzième des mêmes rétributions lors de la première nomination ou dans le cas de réintégration, et du douzième de toute augmentation ultérieure ; (Voir modification page 22.)

3º Les retenues pour cause de congés et d'absences, ou par mesure disciplinaire.

4. Les fonctionnaires de l'enseignement, rétribués, en tout ou en partie, sur les fonds départementaux et communaux, ou sur le prix des pensions payées par les élèves des lycées nationaux, ont droit à pension conformément aux dispositions de la présente loi, et supportent, sur leur traitement et leurs différentes rétributions, la retenue déterminée par l'article 3.

La même disposition est applicable aux fonctionnaires et employés attachés à l'administration de la dotation de la couronne et rétribués sur les fonds de la liste civile.

(1) Voir l'art. 40 de la loi de finances, du 28 déc. 1895, page 21.

Il en est de même des fonctionnaires et employés qui, sans cesser d'appartenir au cadre permanent d'une administration publique, et en conservant leurs droits à l'avancement hiérarchique, sont rétribués, en tout ou en partie, sur les fonds départementaux ou communaux, sur les fonds des compagnies concessionnaires, et même sur les remises et salaires payés par les particuliers.

5. Le droit à la pension de retraite est acquis par ancienneté à soixante ans d'âge et après trente ans accomplis de services.

Il suffit de cinquante-cinq ans d'âge et de vingt-cinq ans de services pour les fonctionnaires qui ont passé quinze ans dans la partie active.

La partie active comprend les emplois et grades indiqués au tableau annexé à la présente loi sous le n° 2. (V. page 10.)

Aucun autre emploi ne peut être compris au service actif, ni assimilé à un emploi de ce service, qu'en vertu d'une loi.

Est dispensé de la condition d'âge établie aux deux premiers paragraphes du présent article, le titulaire qui est reconnu par le ministre hors d'état de continuer ses fonctions.

6. La pension est basée sur la moyenne des traitements et émoluments de toute nature soumis à retenues, dont l'ayant droit a joui pendant les six dernières années d'exercice.

Néanmoins, dans les cas prévus par l'article 4, la moyenne ne pourra excéder celle des traitements et émoluments dont le fonctionnaire aurait joui s'il eût été rétribué directement par l'Etat.

7. La pension est réglée, pour chaque année de services civils, à un soixantième du traitement moyen.

Néanmoins, pour vingt-cinq ans de services entièrement rendus dans la partie active, elle est de la moitié du traitement moyen, avec accroissement, pour chaque année de services en sus, d'un cinquantième du traitement.

En aucun cas, elle ne peut excéder ni les trois quarts du traitement moyen, ni les maximum déterminés au tableau annexé à la présente loi sous le n° 3. (Voir page 11.)

8. (1) Les services dans les armées de terre et de mer concourent avec les services civils pour établir le droit à pension et seront comptés pour leur durée effective, pourvu toutefois que la durée des services civils soit au moins de douze ans dans la partie sédentaire, ou de dix ans dans la partie active.

Si les services militaires de terre ou de mer ont été déjà rémunérés par une pension, ils n'entrent pas dans le calcul de la liquidation. S'ils n'ont pas été rémunérés par une pension,

____

(1) Modifié par l'art. 50 de la loi de finances du 28 avril 1893, voir p. 30.

la liquidation est opérée d'après le minimum attribué au grade par les tarifs annexés aux lois des 11 et 18 avril 1831. (Voir pages 31 et 32.)

10. Les services civils rendus hors d'Europe par les fonctionnaires et employés envoyés d'Europe par le Gouvernement français sont comptés pour moitié en sus de leur durée effective, sans. toutefois, que cette bonification puisse réduire de plus d'un cinquième le temps de service effectif exigé pour constituer le droit à pension.

Le supplément accordé à titre de traitement colonial n'entre pas dans le calcul du traitement moyen.

Après quinze années de services rendus hors d'Europe, la pension peut être liquidée à cinquante-cinq ans d'âge.

11. Peuvent exceptionnellement obtenir pension, quels que soient leur âge et la durée de leur activité :

1° Les fonctionnaires et employés qui auront été mis hors d'état de continuer leur service, soit par suite d'un acte de dévoûment dans un intérêt public, ou en exposant leurs jours pour sauver la vie d'un de leurs concitoyens, soit par suite de lutte ou combat soutenu dans l'exercice de leurs fonctions ;

2° Ceux qu'un accident grave, résultant notoirement de l'exercice de leurs fonctions, met dans l'impossibilité de les continuer.

Peuvent également obtenir pension, s'ils comptent cinquante ans d'âge et vingt ans de service dans la partie sédentaire, ou quarante-cinq ans d'âge et quinze ans de service dans la partie active, ceux que des infirmités graves, résultant de l'exercice de leurs fonctions, mettent dans l'impossibilité de les continuer, ou dont l'emploi aura été supprimé.

12. Dans les cas prévus par le paragraphe 1° de l'article précédent, la pension est de la moitié du dernier traitement, sans pouvoir excéder les maximum déterminés au tableau n° 3.

Dans le cas prévu par le paragraphe 2°, la pension est liquidée, suivant que l'ayant droit appartient à la partie sédentaire ou à la partie active, à raison d'un soixantième ou d'un cinquantième du dernier traitement pour chaque année de service civil ; elle ne peut être inférieure au sixième dudit traitement.

Dans les cas prévus par les deux derniers paragraphes de l'article précédent, la pension est également liquidée à raison d'un soixantième ou d'un cinquantième du traitement moyen pour chaque année de service civil.

13. (1) A droit à pension la veuve du fonctionnaire qui a

(1) Modifié par l'art. 50 de la loi de finances du 28 avril 1893.

obtenu une pension de retraite en vertu de la présente loi, ou qui a accompli la durée de service exigée par l'article 5, pourvu que le mariage ait été contracté six ans avant la cessation des fonctions du mari.

La pension de la veuve est du tiers de celle que le mari avait obtenue ou à laquelle il aurait eu droit. Elle ne peut être inférieure à cent francs, sans, toutefois, excéder celle que le mari aurait obtenue ou pu obtenir.

Le droit à pension n'existe pas pour la veuve dans le cas de séparation de corps (1) prononcée sur la demande du mari.

14. Ont droit à pension :

1° La veuve du fonctionnaire ou employé qui, dans l'exercice ou à l'occasion de ses fonctions, a perdu la vie dans un naufrage ou dans un des cas spécifiés au paragraphe 1° de l'article 11, soit immédiatement, soit par suite de l'événement ;

2° La veuve dont le mari aura perdu la vie par un des accidents prévus au paragraphe 2° de l'article 11, ou par suite de cet accident.

Dans le premier cas, la pension est des deux tiers de celle que le mari aurait obtenue ou pu obtenir par application de l'art. 12 (premier paragraphe).

Dans le second cas, la pension est du tiers de celle que le mari aurait obtenue ou pu obtenir en vertu dudit article (deuxième paragraphe).

Dans les cas spécifiés au présent article, il suffit que le mariage ait été contracté antérieurement à l'événement qui a amené la mort ou la mise à la retraite du mari.

15. (2) Dans le cas où un employé, ayant servi alternativement dans la partie active et dans la partie sédentaire, décède avant d'avoir accompli les trente années de service exigées pour constituer le droit à pension de sa veuve, un cinquième de son temps de service dans la partie active est ajouté fictivement en sus du service effectif pour compléter les trente années nécessaires. La liquidation ne s'opère, néanmoins, que sur la durée effective des services.

16. (2) L'orphelin ou les orphelins mineurs d'un fonctionnaire ou employé ayant obtenu la pension, ou ayant accompli la durée de service exigée par l'article 5 de la présente loi, ou ayant perdu la vie dans un des cas prévus par les paragraphes 1° et 2° de l'article 14, ont droit à un secours annuel lorsque la mère est ou décédée, ou inhabile à recueillir la pension, ou déchue de ses droits.

(1) Ou de divorce.
(2) Modifié par l'art. 50 de la loi de finances du 28 avril 1893.

Ce secours est, quel que soit le nombre des enfants, égal à la pension que la mère aurait obtenue ou pu obtenir conformément aux articles 13, 14 et 15. Il est partagé entre eux par égales portions, et payé jusqu'à ce que le plus jeune des enfants ait atteint l'âge de vingt-et-un ans accomplis, la part de ceux qui décéderaient ou celle des majeurs faisant retour aux mineurs.

S'il existe une veuve et un ou plusieurs orphelins mineurs provenant d'un mariage antérieur du fonctionnaire, il est prélevé sur la pension de la veuve, et, sauf réversibilité en sa faveur, un quart au profit de l'orphelin du premier lit, s'il n'en existe qu'un en âge de minorité, et la moitié s'il en existe plusieurs.

17. Les pensions et secours annuels qui seront accordés conformément aux dispositions du présent titre sont inscrits au grand-livre de la dette publique.

TITRE IV.

DISPOSITIONS D'ORDRE ET DE COMPTABILITÉ

19. Aucune pension n'est liquidée qu'autant que le fonctionnaire aura été préalablement admis à faire valoir ses droits à la retraite par le ministre au département duquel il ressortit.

20. Il ne peut être concédé annuellement de pension, en vertu de la présente loi, que dans la limite des extinctions réalisées sur les pensions inscrites. Dans le cas, toutefois, où cette limite devrait être dépassée, par suite de l'accroissement de liquidation auquel donneront lieu les nouvelles catégories de fonctionnaires soumis à la retenue et appelés à la pension par l'article 3, l'augmentation de crédit nécessaire sera l'objet d'une loi spéciale.

21. Il sera rendu compte annuellement, lors de la présentation de la loi du budget, des pensions de retraite concédées et inscrites en vertu de la présente loi, en distinguant les charges antérieures et celles postérieures au 1er janvier 1854.

22. Toute demande de pension est adressée au ministre du département auquel appartient le fonctionnaire. Cette demande doit, à peine de déchéance, être présentée avec les pièces à l'appui dans le délai de cinq ans, à partir de la promulgation de la présente loi, pour les droits ouverts antérieurement, et pour les droits qui s'ouvriront postérieurement, à partir, savoir : pour le titulaire, du jour où il aura été admis à faire valoir ses droits à la retraite, ou du jour de la cessation de ses fonctions, s'il a été autorisé à les conti-

nuer après cette admission, et pour la veuve, du jour du décès du fonctionnaire.

Les demandes de secours annuels pour les orphelins doivent être présentées dans le même délai à partir de la promulgation de la présente loi, ou du jour du décès de leur père ou de celui de leur mère.

23. 'Les pensions sont liquidées d'après la durée des services, en négligeant sur le résultat final du décompte les fractions de mois et de franc.

Les services civils ne sont comptés que de la date du premier traitement d'activité et à partir de l'âge de vingt ans accomplis. Le temps de surnumérariat n'est compté dans aucun cas.

24. La liquidation est faite par le ministre compétent, qui la soumet à l'examen du conseil d'Etat avec la l'avis du ministre des finances.

Le décret de concession est rendu sur la proposition du ministre compétent. Il est contre signé par lui et par le ministre des finances.

Il est inséré au bulletin des Lois.

25. La jouissance de la pension commence du jour de la cessation du traitement, ou du lendemain du décès du fonctionnaire ; celle du secours annuel, du lendemain du décès du fonctionnaire ou du décès de la veuve.

(1) Il ne peut, en aucun cas, y avoir lieu au rappel de plus de trois années d'arrérages antérieurs à la date de l'insertion au bulletin des Lois du décret de concession.

26. Les pensions sont incessibles. Aucune saisie ou retenue ne peut être opérée du vivant du pensionnaire, que jusqu'à concurrence d'un cinquième pour débet envers l'État, ou pour des créances privilégiées, aux termes de l'article 2101 du Code Napoléon, et d'un tiers dans les circonstances prévues par les articles 203, 205, 206, 207 et 214 du même Code.

27. Tout fonctionnaire ou employé démissionnaire, destitué, révoqué d'emploi, perd ses droits à la pension. S'il est remis en activité, son premier service lui est compté.

Celui qui est constitué en déficit pour détournement de deniers ou de matières, ou convaincu de malversations, perd ses droits à la pension, lors même qu'elle aurait été liquidée ou inscrite.

La même disposition est applicable au fonctionnaire convaincu de s'être démis de son emploi à prix d'argent, et à celui qui aura été condamné à une peine afflictive ou infa-

____

(1) Abroge par l'art. 40 de la loi du 16 avril 1895. Voir page 21.

mante. Dans ce dernier cas, s'il y a réhabilitation, les droits à la pension seront rétablis.

28. Lorsqu'un pensionnaire est remis en activité dans le même service, le payement de sa pension est suspendu.

Lorsqu'il est remis en activité dans un service différent, il ne peut cumuler sa pension et son traitement que jusqu'à concurrence de quinze cents francs.

Après la cessation de ses fonctions, il peut rentrer en jouissance de son ancienne pension, ou obtenir, s'il y a lieu, une nouvelle liquidation basée sur la généralité de ses services.

29. Le droit à l'obtention ou à la jouissance d'une pension est suspendu par les circonstances qui font perdre la qualité de Français, durant la privation de cette qualité.

La liquidation ou le rétablissement de la pension ne peut donner lieu à aucun rappel pour les arrérages antérieurs.

TITRE V.

DISPOSITIONS APPLICABLES AUX PENSIONS DE TOUTE NATURE.

30. Les pensions et secours annuels sont payés par trimestre, ils sont rayés des livres du trésor après trois ans de non-réclamation, sans que leur rétablissement donne lieu à aucun rappel d'arrérages antérieurs à la réclamation.

La même déchéance est applicable aux héritiers ou ayants-cause des pensionnaires qui n'auront pas produit la justification de leurs droits dans les trois ans qui suivront la date du décès de leur auteur.

31. Le cumul de deux pensions est autorisé dans la limite de six mille francs, pourvu qu'il n'y ait pas double emploi dans les années de service présentées pour la liquidation.

La disposition qui précéde n'est pas applicable aux pensions que des lois spéciales ont affranchies des prohibitions du cumul.

TITRE VI.

DISPOSITIONS SPÉCIALES.

33. Lorsqu'un fonctionnaire aura passé d'un service sujet à retenue dans un service qui en est affranchi, ou réciproquement, la pension est liquidée d'après la loi qui régit son dernier service, à moins qu'il n'ait accompli dans le premier service les conditions d'âge et de durée de fonctions exigées.

Dans ce dernier cas, le fonctionnaire a le droit de choisir le mode de liquidation de sa pension.

34. Les dispositions des articles 19, 22, 23, 24, 25, 26, 27, 28, 29, 30 et 31 de la présente loi sont applicables au fonctionnaire dont la pension est liquidée conformément à la loi du 22 août 1790 et au décret du 13 septembre 1806.

35. Un règlement d'administration publique déterminera,

1° La portion des rétributions diverses qui peuvent être affranchies de la retenue mentionnée au paragraphe 1° de l'article 3 ;

2° La fixation des retenues mentionnées au paragraphe 3° du même article et des prélèvements autorisés sur les amendes et confiscations en matière de douanes, de contributions indirectes et de postes ;

3° Les formes à suivre pour déclarer l'incapacité du fonctionnaire dans le cas prévu par le dernier paragraphe de l'article 5 ;

4° Les formes et les délais dans lesquels seront justifiées les causes, la nature et les suites des blessures ou infirmités pouvant donner droit à pension :

5° Le mode de constatation des circonstances de nature à ouvrir des droits aux veuves dans les cas prévus par les paragraphes 1° et 2° de l'article 14 ;

6° Les formes suivant lesquelles le fonctionnaire pourra être privé de sa pension dans les cas prévus par l'article 27 ;

Et 7°, celles suivant lesquelles aura lieu, entre les divers départements ministériels, la répartition du crédit alloué chaque année pour le service des pensions.

Ce règlement déterminera, en outre, les autres mesures propres à assurer l'exécution de la présente loi.

36. Sont abrogés : la loi du 15 germinal an XI, l'arrêté du 15 floréal an XI, le premier paragraphe de l'article 27 de la loi du 25 mars 1817, le premier paragraphe de l'article 13 de la loi du 15 mai 1818, et l'article 31 de la loi du 19 mai 1849, ainsi que les dispositions des lois, décrets, ordonnances ou règlements qui seraient contraires à la présente loi.

N° 2. — *Annexe de l'article 5 de la loi du 9 juin 1853.*

TABLEAU DES EMPLOIS DU SERVICE ACTIF

Postes. — Courriers et postulants courriers, facteurs de ville, brigadiers et sous-brigadiers facteurs ruraux, facteurs ruraux, facteurs locaux, chargeurs de malles.

LOI DU 15 MARS 1898 : Service des Postes et Télégraphes. — Chefs de brigade, commis et sous-agents des bureaux ambulants ; agents embarqués des services maritimes postaux ; facteurs et surveillants des télégraphes et facteurs téléphonistes.

N° 3. — *Annexe de l'article 7 de la loi du 9 juin 1853.*

TABLEAU DES MAXIMA DES PENSIONS.

II⁰ SECTION

Magistrats de l'ordre judiciaire et de la cour des comptes, fonctionnaires de l'enseignement et ingénieurs des ponts et chaussées et des mines : 2/3 du traitement moyen, sans pouvoir dépasser 6,000 francs.

BUDGETS ANNEXES 1899. — Fonctionnaires et agents des postes et télégraphes aux traitements de 2,401 fr. à 8,000 francs : 2/3 du traitement moyen, sans pouvoir dépasser 4,000 francs.

III⁰ SECTION.

Fonctionnaires et employés des administrations centrales et du service intérieur des différents ministères. — Agents et préposés de toutes classes autres que ceux compris dans les sections ci-dessus.

	MAXIMUM
Traitement de 1,000 fr. et au-dessous....	750 fr.
— de 1,001 à 2,400 fr..........	2/3 du traitement moyen, sans pouvoir descendre au dessous de 750 fr.
— de 2,401 à 3,200 fr.	1,600 fr.
— de 3,201 à 8,000 fr..........	1/2 du traitement moyen.
— de 8,001 à 9,000 fr..........	4,000 fr.
— de 9,001 à 10,500 fr.........	4,500 fr.
— de 10,501 à 12,000 fr........	5,000 fr.
— au-dessus de 12,000 fr.	6,000 fr.

FONCTIONNAIRES ET AGENTS A SALAIRES ET REMISES.

Courriers et postulants courriers des postes,   1,200 fr.

Règlement d'administration publique pour l'exécution de la Loi du 9 juin 1853, sur les Pensions civiles.

Du 9 novembre 1853.

TITRE Ier.

SUPPRESSION DES CAISSES DE RETRAITE ET INSCRIPTION DES PENSIONS AU GRAND-LIVRE DE LA DETTE PUBLIQUE.

Art. 1er. A partir du 1er janvier 1854, la caisse des dépôts et consignations cessera d'être chargée du service des pensions imputées sur les caisses de retraite supprimées par l'article 1er de la loi du 9 juin 1853.

Elle continuera néanmoins, jusqu'au 1er mai 1854, à effectuer le payement des arrérages et décomptes d'arrérages afférents à l'année 1853 et années antérieures, et elle fera également recette des retenues portant sur lesdites années.

A partir du 1er mai 1854, les arrérages antérieurs au 1er janvier de ladite année seront, jusqu'au terme de prescription, payés aux caisses du trésor public par imputation sur le crédit spécial de dépense affecté chaque année au service des pensions civiles. Les retenues arriérées dévolues aux caisses de retraite supprimées, ou provenant de leur liquidation, seront portées au chapitre spécial qui sera ouvert au budget des recettes de l'année courante sous le titre désigné à l'article 5.

La caisse des dépôts et consignations arrêtera, au 1er juillet 1854, la situation des caisses de retraites supprimées et versera au trésor leur solde en numéraire et leurs autres valeurs actives.

Les inscriptions de rentes appartenant à ces caisses seront annulées.

Un procès-verbal de clôture et de remise du service sera dressé contradictoirement entre un délégué du ministre des finances, le directeur général de la caisse des dépôts et consignations et un membre de la commission de surveillance placé près de cet établissement, désigné par elle à cet effet.

2. L'inscription au grand-livre de la dette publique des pensions existantes au 1er janvier 1854, à la charge des caisses de retraite supprimées, aura lieu d'après des états certifiés et transmis au ministre des finances par les ministres des divers départements. Ces états, conformes au modèle ci-annexé sous le n° 1, énonceront, pour chaque pension, la date, la nature et les motifs de l'acte qui l'aura constituée. Ils seront divisés en deux catégories :

1° Pensions liquidées et en cours de payement ;

2° Pensions liquidées, mais dont le payement sera suspendu pour cause de replacement des titulaires, ou pour tout autre motif.

Des états dressés dans la même forme seront successivement transmis pour l'inscription des pensions en cours de liquidation au 1er janvier 1854.

3. Les titulaires des pensions de retraite inscrites au grand-livre de la dette publique, en exécution de l'article 2 de la loi du 9 juin 1853, recevront à échéance du premier trimestre 1854, en échange de l'ancien titre, un certificat d'inscription au trésor, délivré par le ministère des finances.

4. Le payement de ces pensions aura lieu aux échéances des 1er janvier, 1er avril, 1er juillet, 1er octobre, et sera fait par les payeurs du trésor, sur les justifications, dans les formes et sous les garanties déterminées pour les pensions inscrites sur les fonds généraux de l'Etat.

A partir du 1er janvier 1854,

Les pensions civiles concédées en vertu de la loi du 22 août 1790 et du décret du 13 septembre 1806,

Les pensions ecclésiastiques,

Les pensions de veuves de militaires et les pensions de donataires cesseront d'être payées par semestre, et seront acquittées par trimestre aux échéances susindiquées.

Il en sera de même des pensions des douanes précédemment payées par mois par les receveurs principaux de cette administration.

16. Les fonctionnaires et employés ne peuvent obtenir chaque année un congé ou une autorisation d'absence de plus de quinze jours sans subir une retenue. Toutefois, un congé d'un mois sans retenue peut être accordé à ceux qui n'ont joui d'aucun congé et d'aucune autorisation d'absence pendant trois années consécutives.

Pour les congés de moins de trois mois, la retenue est de la moitié au moins et des deux tiers au plus du traitement.

Après trois mois de congé consécutifs ou non, dans la même année, l'intégralité du traitement est retenue, et le temps excédant les trois mois n'est pas compté comme service effectif pour la pension de retraite.

Si, pendant l'absence de l'employé, il y a lieu de pourvoir à des frais d'intérim, le montant en sera précompté, jusqu'à due concurrence, sur la retenue qu'il doit subir.

La durée du congé avec retenue de la moitié au moins et des deux tiers au plus du traitement peut être portée à quatre mois pour les fonctionnaires et employés exerçant hors de France, mais en Europe et en Algérie, et à six mois pour ceux qui sont attachés au service colonial ou aux services diplomatique et consulaire hors d'Europe.

Sont affranchies de toute retenue les absences ayant pour cause l'accomplissement d'un des devoirs imposés par la loi.

En cas d'absence pour cause de maladie dûment constatée, le fonctionnaire ou l'employé peut être autorisé à conserver l'intégralité de son traitement pendant un temps qui ne peut excéder trois mois. Pendant les trois mois suivants, il peut obtenir un congé avec la retenue de la moitié au moins et des deux tiers au plus du traitement.

Si la maladie est déterminée par l'une des causes exceptionnelles prévues aux premier et deuxième paragraphes de l'article 11 de la loi du 9 juin 1853, le fonctionnaire peut conserver l'intégralité de son traitement jusqu'à son rétablissement ou jusqu'à sa mise à la retraite.

17. Le fonctionnaire ou l'employé qui s'est absenté ou qui a dépassé la durée de ses vacances ou de son congé, sans autorisation, peut être privé de son traitement pendant un temps double de celui de son absence irrégulière.

Une retenue qui ne peut excéder deux mois de traitement peut être infligée, par mesure disciplinaire, dans le cas d'inconduite, de négligence ou de manquement au service.

18. La retenue prescrite par les deux articles précédents s'exerce sur les rétributions de toute nature constituant l'émolument personnel passible de la retenue de cinq pour cent, aux termes du paragraphe 2 de l'article 3 de la loi du 9 juin 1853.

21. Sont affranchies des retenues prescrites par l'article 3 de la loi du 9 juin 1853 les sommes payées à titre d'indemnités pour frais de représentation et de stations navales, de gratifications éventuelles, de salaires de travail extraordinaire, d'indemnités pour missions extraordinaires, d'indemnités de perte, de frais de voyage, d'abonnements et d'allocations pour frais de bureau, de régie, de table et de loyer, de supplément de traitement colonial et de remboursement de dépenses.

22. Pour les fonctionnaires et employés envoyés d'Europe dans l'Algérie ou dans les colonies, le traitement normal assujetti à la retenue est fixé, dans chaque grade, d'après le traitement de l'emploi correspondant ou qui lui est assimilé en France. Dans les emplois qui se divisent en plusieurs classes en France et qui ne sont pas soumis à cette classification dans les colonies, le traitement normal est réglé d'après celui de la première classe du grade en France. Le surplus constitue le supplément de traitement colonial, qui est exempt de la retenue.

25. Le fonctionnaire démissionnaire, révoqué ou destitué,

s'il est réadmis dans un emploi assujetti à la retenue, subit de nouveau la retenue du premier mois de son traitement et celle du premier douzième des augmentations ultérieures.

Celui qui, par mesure disciplinaire ou par mutation volontaire d'emploi, est descendu à un traitement inférieur, subit la retenue du premier douzième des augmentations ultérieures.

26. Le montant annuel des salaires payés aux courriers et postulants courriers des postes est divisé par leur nombre, et le produit de cette division forme le traitement moyen à prendre pour base du calcul de la pension des agents de cette classe.

TITRE III.

29. L'admission du fonctionnaire à faire valoir ses droits à la retraite est prononcée par l'autorité qui, aux termes des règlements, a qualité pour prononcer sa révocation.

L'acte d'admission à la retraite spécifie les circonstances qui donnent ouverture au droit à la pension et indique les articles de la loi applicables au fonctionnaire.

30. Lorsque l'admission à la retraite a lieu avant l'accomplissement de la condition d'âge imposée par l'article 5 de la loi du 9 juin 1853, cette admission est prononcée dans les formes suivantes :

Si l'impossibilité d'être maintenu en activité résulte pour le fonctionnaire d'un état d'invalidité morale inappréciable pour les hommes de l'art, sa situation est constatée par un rapport de ses supérieurs dans l'ordre hiérarchique.

Si l'incapacité de servir est le résultat de l'invalidité physique du fonctionnaire, l'acte prononçant son admission à la retraite doit être appuyé, indépendamment des justifications ci-dessus spécifiées, d'un certificat des médecins qui lui ont donné leurs soins et d'une attestation d'un médecin désigné par l'administration et assermenté, qui déclare que le fonctionnaire est hors d'état de continuer utilement l'exercice de son emploi.

31. Le fonctionnaire admis à la retraite doit produire, indépendamment de son acte de naissance et d'une déclaration de domicile,

1° Pour la justification des services civils :

Un extrait dûment certifié des registres et sommiers de l'administration ou du ministère auquel il a appartenu, énonçant ses nom et prénoms, sa qualité, la date et le lieu de sa naissance, la date de son entrée dans l'emploi avec traitement, la série de ses grades et services, l'époque et les motifs de leur cessation et le montant du traitement dont il a joui pendant chacune des six dernières années de son activité.

Cet extrait est dressé dans la forme du modèle ci-annexé sous le n° 2.

Lorsqu'il n'aura pas existé de registres, ou que tous les services administratifs ne se trouveront pas inscrits sur les registres existants, il y sera suppléé, soit par un certificat du chef ou des chefs compétents des administrations où l'employé aura servi, relatant les indications ci-dessus énoncées, soit par un extrait des comptes et états d'émargement, certifié par le greffier de la cour des comptes.

Les services civils rendus hors d'Europe sont constatés par un certificat distinct délivré par le ministre compétent. Ce certificat, conforme au modèle ci-annexé sous le n° 4, énonce, pour chaque mutation d'emploi, le traitement normal du grade et le supplément accordé à titre de traitement colonial.

A défaut de ces justifications, et lorsque, pour cause de destruction des archives dont on aurait pu les extraire ou du décès des fonctionnaires supérieurs, l'impossibilité de les produire aura été prouvée, les services pourront être constatés par acte de notoriété.

2° Pour la justification des services militaires de terre et de mer :

Un certificat directement émané du ministère de la guerre ou de celui de la marine.

Les actes de notoriété, les congés de réforme et les actes de licenciement ne sont pas admis pour la justification des services militaires. Lorsque des actes de cette nature sont produits, ils sont renvoyés au ministère de la guerre ou à celui de la marine, qui les remplace, s'il y a lieu, par un certificat authentique.

32. Les veuves prétendant à pension fournissent, indépendamment des pièces que leur mari aurait été tenu de produire:

1° Leur acte de naissance ;

2° L'acte de décès de l'employé ou du pensionnaire ;

3° L'acte de célébration du mariage ;

4° Un certificat de non-séparation de corps, et, si le mariage est antérieur à la loi du 8 mai 1816, un certificat de non-divorce ;

5° Dans le cas où il y aurait eu séparation de corps, la veuve doit justifier que cette séparation a été prononcée sur sa demande.

Les orphelins prétendant à pension fournissent, indépendamment des pièces que leur père aurait été tenu de produire:

1° Leur acte de naissance ;

2° L'acte de décès de leur père ;

3° L'acte de célébration de mariage de leurs père et mère ;

4° Une expédition ou un extrait de l'acte de tutelle ;

5° En cas de prédécès de la mère, son acte de décès ;

En cas de séparation de corps (1), expédition du jugement qui a prononcé la séparation ou un certificat du greffier du tribunal qui a rendu le jugement ;

En cas de second mariage, acte de célébration.

Les veuves ou orphelins prétendant à pension produisent le brevet délivré à leur mari ou père, lorsqu'il est décédé en jouissance de pension, ou une déclaration constatant la perte de ce titre.

33. Si le fonctionnaire a été justiciable direct de la cour des comptes, soit en deniers, soit en matières, il doit produire un certificat de la comptabilité générale des finances ou du ministère compétent, constatant, sauf justification ultérieure du quitus de la cour des comptes, que la vérification provisoire de sa gestion ne révèle aucun débet à sa charge.

Si le prétendant à pension n'est pas justiciable direct de la cour des comptes, sa situation en fin de gestion est constatée par un certificat du comptable supérieur duquel il relève.

34. Les enfants orphelins des fonctionnaires décédés pensionnaires ne peuvent obtenir des secours à titre de réversion qu'autant que le mariage dont ils sont issus a précédé la mise à la retraite de leur père.

35. Dans les cas spécifiés aux paragraphes 1er et 2 de l'article 11, 1er et 2 de l'article 14 de la loi du 9 juin 1853, l'événement donnant ouverture au droit à pension doit être constaté par un procès-verbal en due forme dressé sur les lieux et au moment où il est survenu. A défaut de procès-verbal, cette constatation peut s'établir par un acte de notoriété rédigé sur la déclaration des témoins de l'événement ou des personnes qui ont été à même d'en connaître et d'en apprécier les conséquences. Cet acte doit être corroboré par les attestations conformes de l'autorité municipale et des supérieurs immédiats du fonctionnaire.

Dans le cas d'infirmités prévu par le troisième paragraphe de l'article 11 de la loi du 9 juin, ces infirmités et leurs causes sont constatées par les médecins qui ont donné leurs soins au fonctionnaire et par un médecin désigné par l'administration et assermenté. Ces certificats doivent être corroborés par l'attestation de l'autorité municipale et celle des supérieurs immédiats du fonctionnaire.

____

(1) Ou de divorce.

3

36. Dans les cas exceptionnels prévus par les premier et deuxième paragraphes dudit article 11, il est tenu compte à l'employé de ses services militaires de terre et de mer, suivant le mode spécial de rémunération réglé par l'article 8 de la loi, indépendamment de la liquidation déterminée pour les services civils par les deux premiers paragraphes de l'art. 12.

La liquidation s'établit, dans les mêmes cas, sur le traitement moyen, lorsqu'il est plus favorable à l'employé que le dernier traitement d'activité.

37. Les fonctionnaires et employés classés dans la partie active qui, antérieurement à la loi du 9 juin 1853, ne subissaient pas de retenues et n'étaient pas placés sous le régime des loi et décret des 22 août 1790 et 13 septembre 1806, sont liquidés à raison de 1/100ᵉ du traitement moyen pour chaque année de services assujettis à la retenue dans la partie active, et le montant de la pension ainsi fixée est augmenté de 1/25ᵉ par chacune des années liquidées.

TITRE IV.

38 (1). En exécution de l'art. 20 de la loi du 9 juin 1853, le ministre des finances arrête chaque année, dans les premiers jours de janvier, l'état des extinctions réalisées dans le cours de l'année précédente, et dont le montant sert de base pour la fixation du crédit d'inscription de l'année courante.

Un décret rendu sur le rapport du ministre des finances détermine :

1° La somme jusqu'à concurrence de laquelle ce crédit est employé ;

2° La portion afférente à chacun des départements ministériels.

39. Le compte à rendre annuellement, lors de la présentation de la loi du budget, en exécution de l'article 21 de la loi du 9 juin 1853, comprend par ministère, et avec la distinction des pensions d'employés, de veuves et d'orphelins :

1° L'emploi du crédit d'inscription qui a été déterminé conformément aux dispositions de l'article précédent ;

2° La situation, par accroissement et décroissement, des pensions concédées et inscrites au 31 décembre de l'année expirée pour services terminés avant le 1ᵉʳ janvier 1854 ;

3° La situation, par accroissement et décroissement, des pensions concédées et inscrites à la même date pour services terminés postérieurement au 1ᵉʳ janvier 1854.

(1) Modifié par le décret du 8 aout 1892.

40. En exécution de l'article 24 de la loi du 9 juin 1853, le ministère compétent réunit les pièces justificatives du droit à pension, arrête la liquidation, et, après l'avoir communiquée au ministre des finances, la soumet, avec l'avis de ce ministre, à l'examen de la section des finances du Conseil d'Etat.

Sur l'avis de cette section, le ministre liquidateur prépare le décret de concession, qui doit être contre signé par le ministre des finances.

42. La date de la présentation de la demande en liquidation est constatée par son inscription sur un registre spécial tenu dans chaque ministère. Un bulletin de cette inscription est délivré à la partie intéressée.

43. Lorsqu'un fonctionnaire dont la pension est liquidée ou inscrite se trouve dans l'un des cas prévus par les deux derniers paragraphes de l'article 27 de la loi du 9 juin 1853, sa perte du droit à la pension est prononcée par un décret rendu sur la proposition du ministre des finances, après avoir pris l'avis du ministre liquidateur et après avoir consulté la section des finances du Conseil d'Etat.

44. Lorsqu'un pensionnaire est remis en activité, il en est immédiatement donné avis par le ministre compétent au ministre des finances, pour que le payement de la pension soit suspendu ou pour qu'il soit fait application des dispositions de l'article 31 de la loi du 9 juin 1853 relatives au cumul.

45. Lorsqu'un pensionnaire a disparu de son domicile et que plus de trois ans se sont écoulés sans qu'il ait réclamé les arrérages de sa pension, sa femme ou les enfants qu'il a laissés peuvent obtenir, à titre provisoire, la liquidation des droits de réversion qui leur seraient ouverts par les articles 13 et 16 de la loi du 9 juin 1853 en cas de décès dudit pensionnaire.

46. Tout titulaire d'une pension inscrite au trésor doit produire, pour le payement, un certificat de vie délivré par un notaire, conformément à l'ordonnance du 6 juin 1839, lequel certificat contient, en exécution des articles 14 et 15 de la loi du 15 mai 1818, la déclaration relative au cumul.

La rétribution fixée par le décret du 21 août 1806 et l'ordonnance du 20 juin 1817, pour la délivrance des certificats de vie, est modifiée ainsi qu'il suit :

Pour chaque trimestre à percevoir :

De 600 francs et au-dessus......	0f 50
De 600 à 301 francs............	0 35
De 300 à 101 francs.............	0 25
De 100 à 50 francs..............	0 20
Au-dessous de 50 francs.........	0 00

47. Lorsque l'intérêt de service l'exige, le fonctionnaire

admis à faire valoir ses droits à la retraite peut être maintenu momentanément en activité, sans que la prolongation de ses services puisse donner lieu à un supplément de liquidation. Dans ce cas, la jouissance de sa pension part du jour de la cessation effective du traitement.

Loi organique du 30 novembre 1875.

ART. 8. L'exercice des fonctions publiques rétribuées sur les fonds de l'Etat est incompatible avec le mandat de député.

En conséquence, tout fonctionnaire élu député sera remplacé dans ses fonctions si, dans les huit jours qui suivront la vérification des pouvoirs, il n'a pas fait connaître qu'il n'accepte pas le mandat de député.

Sont exceptées des dispositions qui précèdent, les fonctions de ministre, sous-secrétaire d'Etat, ambassadeur, ministre plénipotentiaire, préfet de la Seine, préfet de police, premiers présidents de la cour des comptes, de la cour de cassation, de la cour d'appel de Paris ; procureurs généraux près des mêmes cours ; archevêque, évêque, pasteur, président de consistoire dans les circonscriptions consistoriales dont le chef-lieu compte deux pasteurs et au-dessus, grand rabbin du consistoire de Paris.

ART. 9. Sont également exceptés des dispositions de l'art. 8:

1° Professeurs titulaires de chaires qui sont données au concours ou sur la présentation des corps où la vacance s'est produite ;

2° Les personnes qui ont été chargées d'une mission temporaire.

Toute mission qui a duré plus de six mois cesse d'être temporaire et est régie par l'article 8 ci-dessus.

ART. 10. Le fonctionnaire conserve les droits qu'il a acquis à une pension de retraite et peut, après l'expiration de son mandat, être remis en activité.

Le fonctionnaire civil qui ayant eu vingt ans de services à la date de l'acceptation de son mandat de député, justifiera de cinquante ans d'âge à l'époque de la cessation de ce mandat, pourra faire valoir ses droits à une pension de retraite exceptionnelle.

Cette pension sera réglée conformément au 3ᵉ paragraphe de l'article 12 de la loi du 9 juin 1853 (1)

Si le fonctionnaire est remis en activité après la cessation de son mandat, les dispositions énoncées par l'article 3 (§ 2) et 28 de la loi du 9 juin 1853 lui seront applicables.

____

(1) Modifié art. 29 de la loi du 29 mars 1897, page 22.

Dans les fonctions où le grade est distinct de l'emploi, le fonctionnaire, par l'acceptation du mandat de député, renonce à l'emploi et ne conserve que le grade.

Art. 11. Tout député nommé ou promu à une fonction publique salariée cesse d'appartenir à la Chambre par le fait même de son acceptation, mais il peut être réélu si la fonction qu'il occupe est compatible avec le mandat de député.

Les députés nommés ministres ou sous-secrétaires d'Etat ne sont pas soumis à la réélection.

Loi du 26 décembre 1887.

Article unique. Jusqu'au vote d'une loi spéciale sur les incompatibilités parlementaires, les articles 8 et 9 de la loi du 30 novembre 1875 seront applicables aux élections sénatoriales.

Tout fonctionnaire, atteint par cotte disposition, qui comptera vingt ans de service et cinquante ans d'âge à l'époque de l'acceptation de son mandat pourra faire valoir ses droits à une pension de retraite proportionnelle, qui sera réglée conformément au troisième paragraphe de l'article 12 de la loi du 9 juin 1853.

Extrait de la loi de finances du 16 avril 1895.

Art. 39. Les fonctionnaires et employés du service actif, détachés régulièrement dans les pays de protectorat ainsi qu'au service des gouvernements étrangers, par application de l'article 4, § 3 de la loi du 9 juin 1853, conservent leurs droits au bénéfice des art. 5, § 2, et 7, § 2, de cette loi.

Les dispositions de l'art. 10, § 1, de la loi du 9 juin 1853, sont applicables aux fonctionnaires ou employés détachés régulièrement dans les pays de protectorat, par application de l'art. 4, § 3, de la même loi.

Extrait de la loi de finances du 28 décembre 1895.

Art. 40. Les retenues à verser annuellement par les fonctionnaires en congé, en non-activité ou en disponibilité, qui sont admis par la loi du 9 juin 1853 à conserver leurs droits à la retraite, ne peuvent être inférieures à celles qu'ils supportaient sur leur dernier traitement d'activité.

Toutefois, cette disposition n'est pas applicable aux fonctionnaires en congé pour maladie.

Art. 42. A partir de la promulgation de la présente loi, les pensions auxquelles peuvent prétendre, sous la condition. d'être entrés en fonctions antérieurement au 1er janvier 1886, les fonctionnaires, employés et agents des services coloniaux organisés par arrêtés locaux, seront basées sur la moitié du traitement moyen dont les intéressés auront joui pendant les six dernières années de leur activité. La seconde moitié de ce traitement est considérée comme formant le supplément colonial.

La disposition qui précède n'est pas applicable aux fonctionnaires, employés et agents coloniaux assimilés par décret à ceux de la métropole, au point de vue de la pension de retraite.

Titre II de la loi du 29 mars 1897

portant fixation du budget général des dépenses et des recettes

Art. 28. Le deuxième paragraphe de l'art. 3 de la loi du 9 juin 1853, qui détermine les retenues à supporter par les fonctionnaires et employés directement rétribués par l'Etat sur les sommes qui leur seront payées, à titre d'émolument personnel, est modifié ainsi qu'il suit :

« 2° Une retenue du douzième des mêmes rétributions, lors de la première nomination ou dans le cas de réintégration, à prélever par quart sur les quatre premières mensualités, et du douzième de toute augmentation ultérieure. »

Art. 29. Le 3e paragraphe de l'article 10 de la loi du 30 novembre 1875 est modifié ainsi qu'il suit :

« Cette pension sera réglée :

« 1° En ce qui concerne le fonctionnaire soumis, pour la pension, à la loi du 9 juin 1853, conformément au 3e paragraphe de l'article 12 de ladite loi ;

« 2° En ce qui concerne le fonctionnaire soumis, pour la pension, à la loi du 22 août 1790, à raison d'un trentième (1/30e) par année de services, de la pension qui aurait été liquidée à son profit pour trente ans de services ;

« Les mêmes dispositions sont appliquées dans le cas prévu par le 2e paragraphe de l'article unique de la loi du 26 décembre 1887. » (Voir page 21.)

Loi du 15 mars 1898.

TITRE III.

DISPOSITIONS SPÉCIALES.

43. Les fonctionnaires, employés et agents civils placés

sous le régime de la loi du 9 juin 1853, qui seront admis, à titre définitif, dans les services locaux de l'Indo-Chine à partir du 1er janvier 1899, ne pourront plus prétendre à une pension de retraite payable sur le trésor public.

Les pensions de retraite à leur attribuer seront payées sur les fonds d'une caisse locale de retraite à l'entretien de laquelle les divers budgets locaux de l'Indo-Chine contribueront obligatoirement proportionnellement au nombre des participants, et dont le régime et le fonctionnement seront réglés par un décret rendu sur la proposition du ministre des colonies, après avis du ministre des finances.

Les fonctionnaires, employés et agents des services civils placés sous le régime de la loi du 9 juin 1853 et actuellement en fonctions en Indo-Chine seront autorisés à renoncer au bénéfice de ladite loi et placés sous le régime nouveau.

La renonciation sera définitive. Elle devra être déclarée dans le délai d'un an à compter de la promulgation, en Indo-Chine, du décret portant organisation de la caisse locale de retraite. Elle n'entraînera en aucun cas le remboursement aux services locaux de l'Indo-Chine des retenues pour le service des pensions civiles régulièrement encaissées par l'Etat.

Les retenues au profit de l'Etat pour le service des pensions civiles cesseront d'être opérées à compter du jour de la renonciation.

Les dispositions du présent article ne seront pas applicables aux magistrats ni aux agents appartenant aux administrations métropolitaines mis à la disposition du ministère des colonies.

44. Les veuves de militaires, marins ou assimilés, ainsi que les veuves des fonctionnaires civils placés sous le régime de la loi du 9 juin 1853, ont droit à pension lorsque le mari réunit au jour de son décès, survenu après le 1er janvier 1896, vingt-cinq ans de services tant militaires que civils et que la condition de durée de mariage, requise par la loi de pension sous le régime de laquelle le mari était placé en dernier lieu, aura été remplie.

Si le mari titulaire en dernier lieu d'un emploi civil décède avant d'avoir accompli six ans de services civils, la part de pension afférente aux services civils est calculée sur la moyenne des traitements perçus pour l'ensemble de ces services.

Lorsque la mère est décédée ou inhabile à recueillir la pension ou déchue de ses droits, l'orphelin ou les orphelins ont droit, jusqu'à leur majorité, à une pension temporaire égale à celle que la mère a obtenue ou aurait pu obtenir.

45. Est complété ainsi qu'il suit le tableau des emplois du service actif annexé à la loi du 9 juin 1853. (Voir page 10.)

Service des postes et des télégraphes. — Chefs de brigade, commis et sous-agents des bureaux ambulants ; agents embarqués des services maritimes postaux ; facteurs et surveillants des télégraphes et facteurs téléphonistes.

55. L'intérêt des cautionnements en numéraire versés au trésor est fixé à deux cinquante pour cent (2,50 p. C/0) à partir du 1er avril 1898.

Sont abrogés en ce qu'ils ont de contraire à la présente disposition l'article 7 de la loi du 4 août 1844 et l'article 55 de la loi du 28 avril 1893.

56. Les comptables de deniers publics et les autres fonctionnaires assujettis à un cautionnement versé dans les caisses du trésor sont admis à le constituer, pour la totalité, soit en numéraire, soit en rentes sur l'Etat.

La nature du cautionnement une fois réalisé ne peut être modifiée pendant la durée des fonctions du titulaire.

Les titulaires de cautionnements en fonctions à l'époque de la promulgation de la présente loi seront admis à opter pour la transformation de leur cautionnement en numéraire en cautionnement en rentes. Cette transformation sera effectuée successivement et par séries ; la division en séries sera déterminée par décrets rendus sur la proposition du ministre des finances et suivant l'importance des cautionnements, en commençant par les plus faibles ; ces décrets fixeront les délais accordés pour l'exercice du droit d'option.

Un règlement d'administration publique déterminera les conditions d'application du présent article et, notamment, les mesures à prendre pour permettre aux titulaires actuellement en exercice d'opter pour la transformation de leur cautionnement en numéraire en cautionnement en rentes.

Sont abrogées toutes les dispositions contraires au présent article.

Le ministre des finances est autorisé à faire face aux remboursements nécessités par les transformations de cautionnement qui seront demandées, conformément aux dispositions de la présente loi, par l'émission, jusqu'à due concurrence, d'obligations du trésor dont l'échéance ne pourra pas dépasser six ans.

1899. — Budgets annexés.

TITRE III.

DISPOSITIONS SPÉCIALES.

Art. 28. La nomenclature de la IIe section du tableau n° 3

(1) annexé à l'article 7 de la loi du 9 juin 1853 est complétée par l'adjonction des mots : fonctionnaires et agents des postes et télégraphes aux traitements de 2,401 francs à 8,000, sans que la pension puisse dépasser 4,000 francs.

REMARQUES IMPORTANTES

1° Les pensions civiles ne peuvent, dans aucun cas, dépasser le maximum prévu au tableau annexé à l'article 7 de la loi du 9 juin 1853. Donc il est bien entendu que, si les années de services civils donnant droit à pension de retraite suffisent à procurer le maximum au pensionné, les années de services militaires n'entrent pas en ligne de compte ; ou si elles entrent dans le calcul de la liquidation, la pension est toujours ramenée au chiffre maximum.

2° Un fonctionnaire ou employé ayant droit à pension, comptant 27 années de services civils et 3 ans et 4 mois de services militaires, verra sa pension de retraite liquidée ainsi : 27 cinquantièmes ou 27 soixantièmes (selon qu'il aura appartenu à la partie active ou à la partie sédentaire) du traitement moyen des six dernières années d'exercice, plus le produit des 3 ans et 4 mois de services militaires, comptés selon le tarif en vigueur à l'époque où ces services ont été terminés.

3° Ne pas oublier que les services civils donnant droit à pension, ne sont comptés que de l'âge de 20 ans accomplis, quand même l'ayant-droit aurait été commissionné plus jeune (art. 23 de la loi du 9 juin 1853).

Qu'un fonctionnaire ou employé n'a droit au bénéfice du § 2 de l'art. 7 de la même loi, que lorsqu'il compte 25 années de services civils effectifs dans la partie active.

Qu'en conséquence, les employés ou fonctionnaires se trouvant dans le cas prévu par le § 2 de l'art. 5, n'y ont pas droit. Leur pension sera liquidée au prorata des années passées dans les services civils, comptant comme soixantièmes, plus le produit des services militaires, s'il y en a, comptés d'après le tarif appliqué lorsque ces services ont pris fin.

Exemple de l'application du temps passé sous les drapeaux. — Une veuve dont le mari (appartenant ou non au service actif) ne comptait à son décès que 20 années de services civils, aura droit à pension (§ 2 de l'art. 50 de la loi du 28 avril 1893), le décédé ayant 5 ans de services militaires, etc.

(1) Voir page 11.

Services actifs (55 ans d'âge au moins). — *Tableau synoptique et comparatif du montant des maxima des pensions.*

Six années au traitement de	ANNÉES DE SERVICES										Maximum antérieurement à la loi de 1899
	25	26	27	28	29	30	31	32	33	33 ans 4 mois	

Au-dessous de **1,000** francs, le maximum peut atteindre les trois quarts du traitement moyen des six dernières années d'activité.

1000ᶠ	à partir de **25** années de services, autant de cinquantièmes que d'années de services jusqu'au maximum de										750ᶠ
1100	550	572	594	616	638	660	682	704	726	748	(1)
1200	600	624	648	672	696	720	744	768	792	800	800
1300	650	676	702	728	754	780	806	832	858	866	866
1400	700	728	756	784	•812	840	868	896	924	933	933
1500	750	780	810	840	870	900	930	960	990	1000	1000
1600	800	832	864	896	928	960	992	1024	1056	1066	1066
1700	850	884	918	952	986	1020	1054	1088	1122	1133	1133
1800	900	936	972	1008	1044	1080	1116	1152	1188	1200	1200
1900	850	988	1026	1064	1102	1140	1178	1216	1254	1266	1266
2000	1000	1040	1080	1120	1160	1200	1240	1280	1320	1333	1333
2100	1050	1092	1134	1176	1218	1260	1302	1344	1386	1400	1400
2200	1100	1144	1188	1232	1276	1320	1364	1408	1452	1466	1466
2300	1150	1196	1242	1288	1334	1380	1426	1472	1518	1533	1533
2400	1200	1248	1296	1344	1392	1440	1488	1536	1584	1600	1600
2500	1250	1300	1350	1400	1450	1500	1550	1600	1650	1666	1600
2700	1350	1404	1458	1512	1566	1620	1674	1728	1782	1800	1600
3000	1500	1560	1620	1680	1740	1800	1860	1920	1980	2000	1600
3200	1600	1664	1728	1792	1856	1920	1984	2048	2112	2133	1600
3300	1650	1716	1782	1848	1914	1980	2046	2112	2178	2200	1650
3500	1750	1820	1890	1960	2030	2100	2130	2240	2310	2333	1750
3600	1800	1872	1944	2016	2088	2160	2232	2304	2376	2400	1800
4000	2000	2080	2160	2240	2320	2400	2480	2560	2640	2666	2000
4250	2125	2210	2295	2380	2465	2550	2635	2720	2805	2833	2125
4500	2250	2340	2430	2520	2610	2700	2790	2880	2970	3000	2250
5000	2500	2600	2700	2800	2900	3000	3100	3200	3300	3333	2500
5500	2750	2860	2970	3080	3190	3300	3410	3520	3630	3666	2750
6000	3000	3120	3240	3360	3480	3600	3720	3840	3960	4000	3000
6500	3250	3380	3510	3640	3770	3900	4000	4000	4000	4000	3250
7000	3500	3640	3780	3920	4000	4000	4000	4000	4000	4000	3500
8000	4000	4000	4000	4000	4000	4000	4000	4000	4000	4000	4000

(1) Ensuite la pension sera des deux tiers du traitement moyen sans pouvoir descendre au-dessous de 750 fr.

Services sédentaires (60 ans d'âge au moins). — *Tableau synoptique et comparatif du montant des maxima des pensions.*

Six années au traitement de	ANNÉES DE SERVICES											Maximum antérieurement à la loi de 1899
	30	31	32	33	34	35	36	37	38	39	40	
1000ʳ	à partir de 30 années de services civils, autant de soixantièmes que d'années de services jusqu'au maximum de											750ʳ
1100	550	568	586	605	623	641	660	678	696	715	733	(1)
1200	600	620	640	660	680	700	720	740	760	780	800	800
1300	650	671	693	715	736	758	780	801	822	844	866	866
1400	700	723	746	770	793	817	840	864	887	910	933	933
1500	750	775	800	825	850	875	900	925	950	975	1000	1000
1600	800	826	853	880	906	933	960	986	1013	1040	1066	1066
1700	850	878	906	935	963	991	1020	1048	1076	1105	1133	1133
1800	900	930	960	990	1020	1050	1080	1110	1140	1170	1200	1200
1900	950	981	1013	1045	1076	1108	1140	1171	1203	1235	1266	1266
2000	1000	1033	1066	1100	1133	1166	1200	1233	1266	1300	1333	1333
2100	1050	1085	1120	1155	1190	1225	1260	1295	1330	1365	1400	1400
2200	1100	1136	1173	1210	1246	1283	1320	1356	1393	1430	1466	1466
2300	1150	1188	1226	1265	1303	1341	1380	1418	1456	1495	1533	1533
2400	1200	1240	1280	1320	1360	1400	1440	1480	1520	1560	1600	1600
2450	1225	1265	1306	1347	1388	1428	1469	1510	1551	1592	1633	1600
2500	1250	1291	1333	1375	1416	1458	1500	1541	1583	1625	1666	1600
2600	1300	1343	1386	1430	1473	1516	1560	1603	1646	1690	1733	1600
2700	1350	1395	1440	1485	1530	1575	1620	1665	1710	1755	1800	1600
2800	1400	1446	1493	1540	1586	1633	1680	1726	1773	1820	1866	1600
2900	1450	1498	1546	1595	1643	1691	1740	1788	1836	1885	1933	1600
3000	1500	1550	1600	1650	1700	1750	1800	1850	1900	1950	2000	1600
3200	1600	1653	1706	1760	1813	1866	1919	1973	2026	2080	2133	1600
3300	1650	1705	1760	1815	1870	1925	1980	2035	2090	2145	2200	1650
3500	1750	1808	1866	1925	1983	2041	2100	2158	2216	2275	2333	1750
3600	1800	1860	1920	1980	2040	2100	2160	2220	2280	2340	2400	1800
4000	2000	2066	2133	2200	2266	2333	2400	2466	2533	2600	2666	2000
4500	2250	2325	2400	2475	2550	2625	2700	2775	2850	2925	3000	2250
5000	2500	2583	2666	2750	2833	2916	3000	3083	3166	3250	3333	2500
5500	2750	2841	2933	3025	3116	3208	3300	3391	3483	3575	3666	2750
6000	3000	3100	3200	3300	3400	3500	3600	3700	3800	3900	4000	3000
6500	3250	3358	3466	3575	3683	3791	3900	4000	4000	4000	4000	3250
7000	3500	3616	3733	3850	3966	4000	4000	4000	4000	4000	4000	3500
8000	4000	4000	4000	4000	4000	4000	4000	4000	4000	4000	4000	4000

(1) Ensuite la pension s'élèvera aux 2/3 du traitement moyen sans pouvoir descendre au-dessous de 750 fr.

LES
PENSIONS CIVILES
ET LE SERVICE MILITAIRE

Extrait de la loi de finances du 28 avril 1893.

Art. 50. A partir de la promulgation de la présente loi, les services militaires compris dans la liquidation des pensions civiles seront calculés d'après le minimum affecté au grade par les lois en vigueur à la date où ils ont été terminés.

La veuve de tout fonctionnaire ou employé décédé postérieurement au 31 décembre 1892, après vingt-cinq ans de service, aura droit, si elle compte six ans de mariage, à une pension égale au tiers de la pension produite par la liquidation des services de son mari. Une pension temporaire de même importance sera accordée à l'orphelin ou aux orphelins mineurs du fonctionnaire, lorsque la mère sera décédée ou inhabile à recueillir la pension, ou déchue de ses droits.

Les articles 8, 13, 15 et 16 de la loi du 9 juin 1853 sont abrogés en ce qu'ils ont de contraire à ces dispositions.

Loi du 5 août 1879.

Art. 17. Les dispositions de la loi sur les pensions de l'armée de terre continuent à être applicables aux officiers, sous-officiers et soldats des troupes de la marine.

Loi relative au droit à pension militaire des fonctionnaires du service de la Trésorerie et des Postes aux armées.

Du 27 juillet 1895.

Art. 1er. Dans le cas de blessures ou d'infirmités résultant de l'exercice de leurs fonctions en campagne ou pendant une période d'instruction, les agents ou sous-agents du service de la Trésorerie et des Postes sont traités, au point de vue des droits à l'obtention des pensions militaires, comme les militaires dont le rang leur est attribué par les articles 16 et 19 du règlement d'administration publique du 14 mars 1877, rendu en exécution de l'article 19 de la loi du 13 mars 1875.

Ont, de même, droit à pension militaire les veuves et orphelins desdits agents et sous-agents, pourvu que le mariage soit antérieur à l'événement qui a amené l'admission à la retraite ou la mort du mari

Art. 2. Les dispositions qui précèdent seront applicables aux agents et sous-agents, ainsi qu'aux veuves et orphelins dont les droits se seraient ouverts moins de cinq années avant la promulgation de la présente loi.

ARMÉE DE TERRE

Tarifs en vigueur pour les pensions civiles seulement
Tableaux 1, 2 et 3

Autant de trentièmes que d'années de service militaire.

Tableau nº 1. — Loi du 11 avril 1831.

Le présent tarif est applicable aux fonctionnaires ou employés ayant terminé leur service militaire avant le 26 avril 1855.

MINIMUM A 30 ANS DE SERVICE EFFECTIF

Adjudant sous-officier.........................	400 fr.
Sergent-major, maréchal-des-logis-chef, tambour-major, trompette-major, maréchal-des-logis trompette, gardien de batterie	300 »»
Sergent, maréchal-des-logis, maître ouvrier dans les corps de troupes.........................	250 »»
Caporal, brigadier.............................	220 »»
Soldat de toute arme, instrumentiste, tambour, trompette, clairon, batelier, aide portier-consigne	200 »»

Tableau nº 2. — Loi du 26 avril 1855.

Applicable aux fonctionnaires et employés ayant terminé leur service militaire dans la période comprise entre le 26 avril 1855 et le 18 août 1879.

MINIMUM A 30 ANS DE SERVICE EFFECTIF

Adjudant sous-officier.........................	565 fr.
Sergent-major, maréchal-des-logis-chef, trompette-major, maréchal-des-logis trompette, musicien de première classe................	465 »»
Sergent, maréchal-des-logis, sergent-fourrier, maréchal-des-logis-fourrier, musicien de deuxième classe.........................	415 »»
Caporal, brigadier, musicien de troisième classe .	385 »»
Soldat de toute arme, tambour, trompette, clairon, batelier, aide portier-consigne, ouvrier dans les manufactures d'armes de guerre, forges et fonderies	365 »»

Tableau n° 3. — Loi du 18 août 1879.

Applicable aux fonctionnaires et employés ayant quitté le service militaire dans la période du 18 août 1879 au 23 juillet 1881.

MINIMUM A 30 ANS DE SERVICE EFFECTIF

Adjudant ou assimilé............................	840 fr.
Sergent-major id.	720 »»
Sergent id.	660 »»
Caporal id.	624 »»
Soldat id.	600 »»

Tableau n° 4. — Trésorerie et Postes aux armées.

Loi du 22 juin 1878 et application de la loi du 27 juillet 1895.

MINIMUM A 30 ANS DE SERVICE EFFECTIF

Général de brigade et assimilé.................	6000 fr.
Colonel id.	4500 »»
Lieutenant-colonel id.	3700 »»
Chef de bataillon ou d'escadron et assimilé......	3000 »»
Capitaine id.	2300 »»
Lieutenant id.	1700 »»
Sous-lieutenant id.	1500 »»

Tableau n° 5. — Loi du 23 juillet 1881.

Tarif actuellement en vigueur même pour les retraites militaires.

MINIMUM DE LA PENSION D'ANCIENNETÉ A 25 ANS DE SERVICE

Adjudant ou assimilé...........................	1000 fr.
Sergent-major id.	900 »»
Sergent id.	800 »»
Caporal id.	700 »»
Soldat id.	600 »»

ARMÉE DE MER

Les tarifs des tableaux n°ˢ 1, 2 et 3 n'ont plus d'applications que pour les pensions civiles.

Autant de 25ᵉˢ que d'années de service dans la marine.

Tableau n° 1. — Loi du 18 avril 1831.

Applicable aux fonctionnaires ou employés ayant quitté le service antérieurement au 21 juin 1856.

MINIMUM A 25 ANS DE SERVICE EFFECTIF

Second maître et contre-maître.................	250 fr.
Aide et quartier-maître	220 »»
Matelot, novice et mousse.....................	200 »»

Tableau n° 2. — Loi du 21 juin 1856 combinée avec la loi du 18 avril 1831.

En vigueur pour les fonctionnaires ou employés ayant quitté le service de la marine dans la période comprise entre le 21 juin 1856 et le 5 août 1879.

MINIMUM A 25 ANS DE SERVICE EFFECTIF

Maître et sergent-major des équipages de la flotte	665 fr.
Second maître, sergent d'armes, sergent, sergent-fourrier des équipages de la flotte, maître tambour, maître clairon	415 »»
Quartier-maître, caporal d'armes et caporal-fourrier des équipages de la flotte	385 »»
Matelot, fourrier ordinaire, novice, apprenti marin, musicien, infirmier ordinaire, mousse	365 »»

Tableau n° 3. — Loi du 5 août 1879.

En vigueur pour les fonctionnaires et employés ayant quitté le service du 5 août 1879 au 8 août 1883.

MINIMUM A 25 ANS DE SERVICE EFFECTIF

Maître des équipages de la flotte, sergent-major..	830 fr.
Second maître des équipages de la flotte, sergent d'armes, sergent-fourrier, chaudronnier embarquant, maîtres tambour, clairon, tailleur, forgeron	600 »»
Quartier-maître, élève mécanicien, caporal d'armes, caporal-fourrier........................	520 »»
Fourrier ordinaire, matelot, apprenti marin, ouvrier chauffeur, novice et mousse, musicien des équipages de la flotte, matelot infirmier, infirmier ordinaire........................	500 »»

Tableau n° 4. — Loi du 8 août 1883.

Actuellement applicable même pour les pensions militaires.

MINIMUM A 25 ANS DE SERVICE EFFECTIF

Sergent-major des équipages de la flotte........	1130 fr.
Maîtres tambour, clairon, sergent pompier, sergent d'armes, sergent-fourrier, forgeron, chaudronnier embarquant........................	850 »»
Quartier-maître de toutes professions, élève mécanicien, caporal pompier, caporal d'armes, caporal-fourrier........................	700 »»
Ouvrier mécanicien, armurier embarquant, fourrier ordinaire, matelot de toutes professions, musicien des équipages de la flotte, apprenti marin, novice et mousse, pompier ordinaire, ouvrier chauffeur, infirmier ordinaire........	600 »»

TABLE CHRONOLOGIQUE

BANQUE COOPÉRATIVE

DES

FONCTIONNAIRES & EMPLOYÉS CIVILS

DE L'ÉTAT, DU DÉPARTEMENT DE LA SEINE
ET DE LA VILLE DE PARIS

SOCIÉTÉ ANONYME AU CAPITAL DE **150,000** FRANCS

A CAPITAL VARIABLE

SIÈGE SOCIAL : 21, Rue de Turbigo, PARIS

Téléphone : **215,65.** -- *Adresse télégraphique :* Bancotat-Paris

CONSEIL D'ADMINISTRATION

Président : M. WILLIAMSON, O ✳, ancien administrateur du Mobilier National, président honoraire de l'Association de Prévoyance des Employés civils de l'Etat, Expert près les Tribunaux.

Vice-Président : M. FONTAINE (Charles), Rédacteur principal au Ministère des Finances (en disponibilité).

Membres : MM. CHABANEL ✳, Receveur des douanes en retraite.
DE JERMON, ✳, Rédacteur principal au Ministère des Finances (en retraite), Expert-traducteur assermenté près la Cour d'appel de Paris.
BROQUET (Charles), attaché au Ministère des Finances (en disponibilité).

Censeurs : MM. FUSCH, VIALLATE.

Directeur : M. CHARLES BROQUET, *Administrateur.*

ACHAT ET VENTE DE FONDS PUBLICS FRANÇAIS ET ÉTRANGERS ET DE TITRES
CONTRE ARGENT
ORDRES DE BOURSE — PAIEMENT DE COUPONS — DÉPOTS ET COMPTES-COURANTS
DÉPOT ET GARDE DE TITRES — PRÊTS SUR TITRES
REMBOURSABLES EN UNE SEULE FOIS OU PAR FRACTIONS MENSUELLES
RENSEIGNEMENTS SUR USUFRUITS, NUES PROPRIÉTÉS
RENTES VIAGÈRES, ASSURANCES

Emission permanente, dans les limites imposées par les statuts, d'obligations au porteur 3 1/2 0/0 remboursables à 500 francs et de cinquièmes d'obligations remboursables à 100 francs dont le produit est destiné aux prêts de cautionnements aux comptables des deniers publics (prix d'émission variable).

La Banque offre son concours au public pour ces opérations

Adresser la correspondance au Directeur : M. CHARLES BROQUET
(Joindre un timbre pour la réponse.)

NOTICE SOMMAIRE

Les statuts de la Société ont été déposés chez M⁰ Fay, notaire à Paris, le 18 avril 1898. Elle a été constituée en assemblée générale du 29 avril 1898, au capital de 100,000 francs divisé en 2,000 actions nominatives de 50 francs chacune.

EXTRAIT DE L'ARTICLE 3 DES STATUTS. — « Peuvent seuls faire partie de la Société, comme actionnaires ou comme adhérents, les fonctionnaires et employés civils de l'Etat, du département de la Seine et de la ville de Paris pouvant prétendre comme tels à une pension de retraite ou en jouissant déjà, ainsi que leurs veuves non remariées. Les employés auxiliaires susceptibles d'être titularisés peuvent être admis à faire partie de la Société à leurs risques et périls. »

Actionnaires. — L'assemblée générale du 29 avril 1898 a décidé, conformément à l'article 8 des statuts, de poursuivre l'augmentation du capital social jusqu'à 200,000 francs par l'émission de 2,000 actions nouvelles nominatives, au prix nominal de 50 francs augmenté d'une commission fixée par le Conseil d'administration.

Pour en faciliter la souscription aux modestes employés des administrations de l'Etat, du département de la Seine et de la ville de Paris, les actions sont payables en neuf versements mensuels : le premier, qui implique adhésion aux statuts et souscription à l'action, comprend une somme de dix francs par titre plus la commission dont il vient d'être parlé ; chacun des huit autres versements, dus à l'expiration de chaque mois, est de 5 francs par action. Les versements peuvent toujours être anticipés sans donner droit à aucune rémunération particulière.

Aux termes de l'article 12 des statuts, nul ne peut souscrire plus de dix actions de cette seconde émission.

La possession d'une action procure au titulaire l'avantage immédiat et assuré de n'avoir pas à payer les cotisations d'adhérent.

Adhérents. — Les adhérents ont à verser au moment de leur admission un droit d'entrée de cinq francs. Ils sont en outre astreints au paiement d'une cotisation annuelle de trois francs exigible, à peine de déchéance, dans les deux mois de l'ouverture de l'exercice social. Le droit d'entrée et les cotisations annuelles sont définitivement acquis a la Société.

Admission. — Pour être admis comme actionnaire ou comme adhérent, il faut en faire la demande adressée au Directeur de la Société et justifier de son identité par une pièce quelconque, telle que la carte d'électeur, et de son grade administratif par une lettre de service et, s'il en est besoin, par l'attestation de deux actionnaires déjà inscrits.

Prêts. — Des prêts de cautionnements ou des prêts sur simple signature *dans les limites fixées par les statuts et le Conseil d'administration* sont réservés aux actionnaires et aux adhérents de ladite **Banque coopérative**.

OPÉRATIONS DIVERSES

La clientéle de la **Banque coopérative** comprend : Iᵒ les actionnaires et les adhérents, c'est-à-dire des associés qui, contribuant au fonctionnement social par un apport au capital de fondation (les actionnaires) ou par une contribution aux charges sociales (les adhérents) ont droit à une certaine part des bénéfices réalisés ; 2ᵒ les personnes qui, n'étant pas tenues de réunir les conditions de profession exigées des associés, veulent bien faire des affaires avec la **Banque coopérative** sans avoir avec elle aucun lien corporatif ni social.

La Banque offre à sa clientèle son concours pour la plupart des opérations de Banque et de Bourse au nombre desquelles figurent notamment les opérations ci-après désignées:

Exécution des ordres de bourse. — Pour les opérations au comptant, la commission ordinaire est de 1 fr. 25·0/00 (Cette commission comprend le courtage officiel). Pour les opérations se traitant au parquet des agents de change, ladite commission est reduite au seul courtage officiel 1 fr. 0/00 pour les actionnaires et les adhérents qui revendiquent cette qualité.

Les opérations à terme sont executées aux conditions d'usage qui seront indiquées aux intéressés dans les bureaux de la Banque. *Il est toutefois observé qu'aux termes des statuts, la Banque ne peut prêter son concours pour aucune operation à terme à découvert ; en conséquence, la vente à terme sans la production des titres, l'achat à terme sans la remise d'une somme suffisante pour y faire face ne pourraient être exécutés.*

Achat et vente de titres contre argent. — La Banque tient toujours à la disposition de ses clients un certain nombre de titres d'usage courant (rentes sur l'Etat, obligations de la ville de Paris, du Crédit Foncier de France, de Chemins de fer, etc.), que l'on peut se procurer séance tenante à ses guichets à des prix à forfait s'éloignant peu du cours de la Bourse.

Paiement de coupons. — La Banque coopérative paie les coupons échus, nominatifs ou au porteur, moyennant une commission qui, habituellement, ne dépasse pas 25 centimes par cent francs.

Prêts sur titres remboursables en une seule fois ou par fractions mensuelles. — La Banque coopérative effectue des prêts sur rentes françaises, obligations de villes françaises, du Crédit Foncier de France, de départements français, de Chemins de fer garantis par l'Etat, à des conditions inférieures ou égales au taux prélevé par l'administration du Mont-de-Piété pour les mêmes opérations.

Sur tous autres titres les conditions d'intérêt et de commission sont variables mais peu élevées.

La faculté de rembourser la plupart de ses prêts par fractions mensuelles, accordée par la Banque coopérative à ses emprunteurs, permet à ceux-ci d'acquérir dans les meilleures conditions les titres qui leur conviendraient tout en s'obligeant à en épargner le montant.

La Banque coopérative se réserve le droit d'emprunter elle-même sur les titres qui lui sont remis en nantissement.

Dépôts et comptes-courants. — La Banque coopérative peut recevoir des dépôts de fonds à échéance fixe, ou en compte-courant à vue, a dix jours de préavis, à trois mois, à six mois, à un an. Elle sert aux déposants des intérêts actuellement fixés à :

$1/2$ % l'an pour les dépôts à vue ;
1 % l'an pour les dépôts à dix jours de préavis ;
$1\ 1/2$ % l'an pour les dépôts à trois mois ;
2 % l'an pour les dépôts à six mois ;
3 % l'an pour les dépôts à un an ou à échéance fixe.

Valeur a compter du lendemain du versement dans la caisse de la Banque ou de la veille du retrait des fonds.

Dépôt de titres. — La Banque coopérative peut recevoir des dépôts de titres moyennant un droit de garde variable. Elle se réserve de déposer elle-même, dans d'autres établissements financiers, les titres qui lui sont ainsi confiés.

Les demandes de retrait doivent lui parvenir deux jours non fériés avant celui du retrait.

Renseignements sur usufruits, nues propriétés, rentes viagères, etc. — La Banque cooperative se tient à la disposition de sa clientèle pour la renseigner de son mieux sur ces diverses questions et lui offrir son entremise pour la réalisation des diverses opérations qu'elles comportent.

Prêts de cautionnements. — La Banque coopérative peut faire à ses actionnaires et à ses adhérents comptables de deniers publics le prêt des sommes qu'ils auraient à déposer en titres de rente française ou en numéraire dans les caisses du Trésor, et pour lesquelles le privilège de second ordre pourrait être accordé au bailleur de fonds.

Les charges du prêt, payables trimestriellement, sont les suivantes :

L'emprunteur doit à la Banque coopérative un intérêt de 5 % l'an de la somme prêtée (l'intérêt servi par l'Etat sur les cautionnements en numéraire ou le revenu des titres de rente viennent en déduction de ces 5 %). Il s'oblige en outre a un amortissement annuel de 1, 2, 3 ou 4 %. Il est bonifié aux sommes ainsi amorties un interêt de 4 % l'an payable en fin de contrat. Chaque prêt donne lieu au paiement d'une prime fixe d'assurance contre le risque des operations de cette nature, laquelle est fixée à 4 % ou 3 % du montant du prêt, suivant que l'amortissement choisi est de 1 ou 2, ou bien de 3 ou 4 %. — Par ses prêts sur signature, la Banque coopérative peut accorder un délai de 2 ans maximum pour acquitter par fractions mensuelles cette dernière charge fixe.

En outre, les frais d'acte, de versement, etc., sont à la charge de l'emprunteur et payables de suite.

Chaque prêt de cautionnement doit être précédé d'une demande adressée au Directeur de la Banque coopérative accompagnée d'une somme égale à **1** °/₀₀ du montant de la demande (minimum **10** francs). Cette somme n'est jamais rendue, même en cas de refus.

Pour lui permettre d'effectuer ces prêts de cautionnements, la Banque coopérative émet d'une manière permanente, dans les limites imposées par les statuts, des obligations au porteur 3 1/2 °/₀ remboursables à 500 francs et des cinquièmes d'obligation remboursables à 100 francs (prix d'émission variable) qui peuvent être acquises par toute personne même non actionnaire ou non adhérente.

NOTICE

La **Banque coopérative des Fonctionnaires et Employés civils de l'Etat, du Département de la Seine et de la Ville de Paris**, fondée en Assemblee générale constitutive le 29 avril 1898, a clos son premier exercice le 31 décembre 1899.

Les personnes qui ont pris connaissance de la notice, parue en avril 1899, qui contenait un compte-rendu sommaire des premiers développements pris par les services de la **Banque coopérative**, s'intéresseront sans doute aux comptes du premier exercice, approuvés par l'Assemblee générale ordinaire, le 28 mars 1900, et reproduits ci-contre. Par mesure de sagesse, l'Assemblee génerale s'est rangée à l'avis du Conseil d'administration, en ne distribuant pas le dividende acquis et en le reportant a l'exercice courant, tout en effectuant, d'ailleurs, les amortissements habituels sur les frais de premier établissement et de mobilier, materiel et imprimés.

Le capital était à l'origine de 100,000 francs. Il est désormais de 150,000 francs, divisé en 3,000 actions de 50 francs chacune, et susceptible d'être porté à 200,000 fr. En appelant l'attention des fonctionnaires et Employés de tous grades des administrations de l'Etat, du Département de la Seine et de la ville de Paris, et du public sur la nature des operations traitées par la **Banque coopérative** et qui sont mentionnées dans le prospectus ci-joint, il n'est pas inutile d'insister tout particulièrement sur les prêts de cautionnements aux comptables de deniers publics, garantis par les privilèges légaux, et sur l'émission permanente des obligations avec le produit desquelles ils sont effectués.

Voici un extrait du rapport du Conseil d'administration à l'Assemblée générale du 28 mars 1900, concernant cette nature d'opération.

« Nous attirons particulièrement votre attention sur l'excellente affaire que nous con-
« stitue notre système de prêts de cautionnements.

« En voici, répété une fois de plus, le mécanisme.

« Notre Banque coopérative emprunte des fonds a l'aide d'obligations et de cinquièmes
« d'obligations qu'elle émet dans le public à un prix variable dont la limite minima est
« fixée par l'Assemblée générale. Ces obligations, d'une valeur nominale de 500 francs
« 3 1/2 °/₀ rapportent annuellement 17 fr. 50 par obligation entière et 3 fr. 50 par
« cinquième d'obligation, sans compter la prime d'amortissement. Ces intérêts sont
« payables par moitié les 1ᵉʳ janvier et 1ᵉʳ juillet (sous déduction des impôts).

« En nous basant sur le prix d'emission, qui est actuellement de 465 francs par obli-
« gation entière et sur une période moyenne d'amortissement d'une quinzaine d'années,
« nos emprunts nous coûtent une charge annuelle de 4 fr. 25 °/₀ environ.

« A l'aide des fonds ainsi empruntés, notre Banque cooperative effectue des prêts de
« cautionnements en numéraire ou en rente aux comptables de l'Etat, du Département
« de la Seine et de la ville de Paris à un taux uniforme de 5 °/₀ l'an, desquels sont
« defalqués, soit l'interêt servi par l'Etat aux cautionnements réalises en numéraire,
« soit les arrerages des titres de rente.

« Malgré le choix fait parmi les demandes qui nous sont adressées, la Banque exige
« de ses emprunteurs un droit fixe d'assurance pour se couvrir, à la fois, des risques
« inhérents aux prêts de cautionnements et de la charge éventuelle qui lui incomberait

« s'il lui fallait rembourser, par anticipation, une partie des obligations émises en cas
« de rentrée plus ou moins rapide et imprevue d'une certaine partie de ses prêts. »

« Vous savez, en effet, qu'aux termes de l'article 21 de nos statuts, notre Banque
« coopérative ne peut émettre d'obligations pour aucun autre objet que les
« prêts de cautionnements et que l'article 23 est conçu dans ces termes :

« **Les obligataires sont investis d'un droit de contrôle et de surveil-**
« **lance, en vue de s'assurer que les fonds, qu'ils ont fournis, sont exclu-**
« **sivement employés en prêts de cautionnements et gagés soit par des**
« **inscriptions de rente nominative sur l'Etat français, soit par les privi-**
« **lèges correspondants, sauf pour une somme maxima égale au capital**
« **et destinée à former le fonds de roulement des prêts de cautionnements.**

« De plus, les emprunteurs sont tenus à un amortissement annuel auquel la Banque
« sert un intérêt de 4 0/0 l'an, payable en fin de contrat, et qui leur constitue ainsi a
« la longue une sorte de capital differe tout en servant de sûreté a la Banque pour le
« prêt consenti par elle.

« Or, voici un exemple du bénéfice que peut représenter, pour le capital assez
« modeste de 200,000 francs auquel nous tendons, la différence entre le taux de nos
« prêts de cautionnements 5 % et celui 4 25 % que nous coûte en moyenne et
« actuellement le service de nos obligations (On sait que cette dernière charge doit
« tendre plutôt à diminuer qu'à augmenter).

« Si chacun des actionnaires souscrivait ou faisait souscrire autant de cinquièmes
« d'obligations qu'il possède d'actions, il s'assurerait un bénéfice de (5 moins 4 25) ou
« soixante-quinze centimes par action, soit 1 fr. 50 %.

« S'il souscrivait ou faisait souscrire dans son entourage autant d'obligations entières
« qu'il possède d'actions, il s'assurerait un bénéfice de $5 \times (5$ moins $4\ 25)$ ou 3 fr. 75
« centimes par action, soit 7 fr. 50 % et cela pendant de longues années sans
« compter les benéfices produits par les opérations ordinaires de notre Banque
« coopérative. »

La **Banque coopérative** a constitué, dès ses debuts, avec le concours de capita-
listes importants, une Société en commandite par actions pour l'exploitation de la pu-
blicité sur les kiosques de voitures de place. Cette entreprise poursuit sa marche
d'une façon très satisfaisante, et, bien qu'il n'y ait pas de marché en bourse sur les
actions de ladite Société, vu leur petit nombre (400), la **Banque coopérative** en a
facilité les transactions depuis la constitution pour environ le quart des titres, lesquels
sont susceptibles d'un revenu très rémunérateur et l'on peut s'en procurer dans des
conditions avantageuses à ses guichets.

Ainsi que l'avis en a été porté dans de precédentes communications, la **Banque
coopérative** reçoit les demandes et offres concernant les obligations de l'Association
coopérative de consommation des employés civils de l'Etat, du département de la Seine
et de la ville de Paris, dont le siege est rue Christine. Elle a souvent acquis, séance
tenante, ces obligations au prix de cinquante francs l'une, sur la justification de l'identité des vendeurs et les a replacées dans sa clientele moyennant une légère plus-value,
avec la conviction que ce sont des titres de tout repos.

La **Banque coopérative** reçoit egalement les offres et les demandes concernant
ses actions, lesquelles sont toutes nominatives et doivent faire l'objet d'un transfert.

En outre, des renseignements sur la plupart des valeurs mobilières peuvent être
demandes aux guichets de la **Banque coopérative**. Ils sont toujours donnés avec
sincérité, et les témoignages d'un bon nombre de clients prouvent la satisfaction qu'ils
ont éprouvée des avis qni leur avaient eté donnés.

T. S. V. P.

BILAN AU 31 DÉCEMBRE 1899

Actionnaires 1re Emission, solde dû sur leurs actions 675 — 2e Emission, solde dû sur leurs actions 3,842 } 4,517 »

Primes d'amortissement sur remboursement futur des obligations et cinquièmes . . . . 3,454 »

Loyer d'avance . . . . 3,500 »

Frais de premier établissement 10,199 35

Mobilier et matériel 16,985 45

Caisse Espèces en caisse au 31 décembre 1899 . 12,732 30 — En compte de chèques dans les établissements de crédit . . . . . . 10,511 80 } 23,244 10

Change, Inventaire de billets et monnaies français et étrangers restant à échanger au 31 dec. 1899 (évalués prix coûtant) . 785 25

Coupons. — Coupons payés à divers et restant à encaisser au 31 décembre 1899 . . . . . . 823 74

Effets à recevoir. — Effets en portefeuille 6,015 15

Fonds publics et Valeurs mobilières Titres vendus pour le compte de la Banque ou vendus pour le compte de divers clients et restant à régler au comptant 5,684 55 — Inventaire des titres et valeurs appartenant à la Banque . 139,833 75 } 145,518 30

Prêts sur titre et nantissements, solde des prêts en cours . . 34,171 70

Prêts sur signature 28,471 60

Avances d'arrerages de pensions civiles et militaires . . . 2,950 »

Prêts de cautionnements En numéraire . . . . 28,000 — En rente francaise 3 % . . . 8,100 — En obligations ville de Paris . 2,000 } 38,100 »

Clients débiteurs divers 8,967 15

Comptes courants débiteurs 24,329 30

Dividendes des actions : taxes et droits de timbres divers payés sur les dividendes futurs 334 55

352,366 64

Capital 2,000 actions, première émission . . 100,000 — 958 actions, deuxième émission . . 47,900 } 147,900 »

Obligations 83 obligations entières 500 fr. 3 1/2 % 41,500 — 48 cinquièmes d'obligations 3 1/2 % 4,800 } 46,300 »

Obligations en souscription. Versements à valoir sur souscription d'obligations . . . . 3,820 »

Adhérents (droits d'entrée) 52 adhérents . . . . . 260 »

Cautionnements des employés en numéraire . . . 50 francs — » » titres 2,500 . . . mémoire : 50 »

Fonds publics et Valeurs mobilières Titres achetés pour le compte de la Banque ou achetés pour le compte de divers clients et restant à régler au comptant } 97,356 30

FONDS d'assurances

A. Provision contre les risques d'insolvabilité des emprunteurs sur signature . . . . . 638 »

B. Provision contre les risques d'insolvabilite des emprunteurs sur signature par suite de décès . . . . 1,366 95 } 3,197 95

C. Provision contre les risques des prêts de cautionnements : en numéraire . . 890 — en rente 3 % 243 — en obligations ville de Paris 60 } 303 } 1,193 »

Amortissement des prêts de cautionnement En numéraire . . . . . 595 — En rente . . . . . . 144 — En obligations ville de Paris 15 } 159 } 754 »

Intérêts des obligations dus au 31 décembre 1899 Sur coupon nº 1 au 1er janvier 1899, obligations entières . 7 80 — Sur coupon nº 2 au 1er juillet 1899, obligations entières . 7 80 — Sur coupon nº 3 au 1er janv. 1900 obligations entières 683 40 — Sur coupon nº 3 au 1er janv. 1900, cinquiemes d'obligations 79 85 } 763 25 } 778 85

Clients créditeurs divers 5,402 50

Comptes courants créditeurs Disponible . . 37,892 20 — Indisponible . 87 10 } 37,979 30

Fonds de garantie contre remboursement au pair 2 25

Profits et pertes. — Bénéfices au 31 décembre 1899 . . . 8,565 49

352,366 64

A. DARD

TAILLEUR CHEMISIER SPÉCIAL DES EMPLOYÉS DES POSTES ET TÉLÉGRAPHES
104 et 106, Faubourg Saint-Denis (2e étage)

Membre honoraire de la Société d'assistance mutuelle des Employés ambulants des Postes

MAISON ABSOLUMENT DE CONFIANCE, FONDÉE EN 1848

Des conditions de payement par acomptes mensuels sont offertes exclusivement
à MM. les Employés des Postes et Télégraphes

Une remise de 10 % sera faite pour tous les achats au comptant

Pantalons Elbeuf sr mesure, 30 f., 25 f., 10 fr. . .	15 »	**Complets Redingote** pour cérémonie, sr mesure, 130, 120, 100 f. — 85 »
Complets veston haute nouveauté, sur mesure, 110, 100, 85 70 fr. .	55 »	**Chemises** sur mesure, col, devant et poignets toile, 7 fr. 50, 5 fr. 50. . . . . — 4 50
Complet Jaquette haute nouveauté, sur mesure, à 120, 100, 90 fr. .	70 »	**Chemises flanelle** garantie irrétrécissable, sur mes., col de rechange. — 16 »
Pardessus très belle qualité, double flanelle, sur mesure, 90, 80, 70 fr. . . .	55 »	**Rayon spécial de Costumes** pour Enfants et Cadets

Envoi sur demande de la collection complète des dernières nouveautés de la saison

VINS ET SPIRITUEUX
G.-F. CALMEL ET Cie

MEMBRES HONORAIRES ET FOURNISSEURS
DE L'ASSOCIATION AMICALE DES POSTES ET TÉLÉGRAPHES
DE L'ASSOCIATION DU PRÉVOYANCE DES EMPLOYÉS CIVILS DE L'ÉTAT
DE LA SOCIÉTÉ DE PROTECTION MUTUELLE DES EMPLOYÉS AMBULANTS DES POSTES
DE LA SOCIÉTÉ D'ASSISTANCE MUTUELLE ENTRE LES EMPLOYÉS AMBULANTS DES POSTES
DE L'ASSOCIATION FRATERNELLE DES PERCEPTEURS ET RECEVEURS SPÉCIAUX DE FRANCE

à TALENCE (Gironde)

VINS EN BARRIQUE *pris dans nos magasins, port et droits en sus*
VINS ROUGES : Côtes de Beaupuy, **90** fr. ; Côtes ordinaires de Bordeaux, **97** ;
Bonnes côtes, **125** ; Bas Médoc, **150** ; Médoc supérieur, **200** ; Saint-Émilion, **200** ;
VINS BLANCS : Côtes, **100** ; Graves, **110** ; Bonnes Graves, **130** ; Cérons, **160**.
Barsac, **200** ; Sauternes, **250**. — La barrique de 225 litres. — En demi-barrique, 5 fr.
de plus par demi-barrique. — Franco de tous frais à domicile dans Paris, 55 francs de
plus par barrique. — Franco de port à la gare la plus voisine, 15 fr. de plus par barrique.
MALAGA, MADÈRE, MUSCAT (suivant âge) : **1,75, 2,25, 2,50** et **3** fr. logés en fûts
de 16, 32, 64 litres, pris en magasin.
Cognac vieux supérieur, 3 fr. Cognac vieux (fine Champagne), 4 fr. pris en magasin,
logement en sus. — Eau-de-vie d'Armagnac, prise en magasin, logement en sus, rassise,
1 fr. 50. Vieille, 2 fr.
Facilité de payer en trois fois : un tiers à 60 jours, un tiers à 90 jours, un tiers à 120 jours
et de choisir les dates des échéances --- Les payements ont lieu en nos traites.
Mêmes avantages pour les parents des sociétaires.
Rhum Martinique vieux, 1 fr. 10 pris en magasin, logement en sus.

TOUS NOS VINS SONT GARANTIS NATURELS

Il est essentiel, à chaque commande, de demander exactement l'adresse du destinataire.
afin d'éviter des retards dans les expéditions.

LE SAGITTAIRE Revue mensuelle d'art et de littérature, 13, boulevard
Montparnasse, Paris. --- **Le numéro, 40 centimes.**